시인의 정원

시인의 정원

2025년 11월 2일 인쇄
2025년 11월 11일 발행

지은이 손창렬

펴낸이 손정순

펴낸곳 열림문화
       주소 제주특별자치도 제주시 청귤로 15
       전화 (064)755-4856
       팩스 (064)755-4855
       이메일 sunjin8075@hanmail.net
       인쇄 선진인쇄

저작권자 ⓒ 2025, 손창렬

ISBN 979-11-92003-70-2 03810
값 12,000원

시인의 정원

손창렬 시집

시인의 말

어릴 적 비 오는 날이면 장화를 신고
물웅덩이를 마음껏 뛰노는 친구들을 부러워했다.
언젠가는 장화를 신고 물웅덩이를 실컷 다녀보리라는 마음에
비 오는 날을 기다리고 좋아하게 되었다.

비가 오는 날은 사랑이 소나기처럼 쏟아지는 것 같이
짜릿하게 다가왔다.
마당에 벚나무 묘목을 심었더니 거목으로 자라
온갖 새들의 놀이터가 되어 눈길이 가고
살아가는데 에너지를 주었고
힘들고 어려운 일이 많았지만
생각을 긁적이며 자신을 사랑하는 방법을 배웠다.

평소 마음에 담아두었던 이야기를 '시'라는 이름으로 엮었다.
칠순을 맞아 등을 밀어준 두 딸의 응원이 큰 힘이 되었다.

2025년 가을
손창렬

차례

시인의 말 5

제1부

조총소리에 심장은 멈추고 12
다리가 하나뿐인 돋보기 14
어머니 16
양파껍질을 벗기면서 18
큰오빠 20
김치볶음밥의 사랑 22
둘째 오빠 24
가시나무새 26
혈육 28
가지냉국 30
고백 32
어머니의 벽화 34
가족 36
삭발하는 날 38
머위나물 40
찬솔빌 추억 42
기적 44
하루가 열리고 45
산지천의 추억 47
어머니의 방 48

제2부

고광 이야기　52
수학여행　54
해장국　56
기부 천사　58
보리밭 인생　61
막걸리가 먹고 싶다　61
장수상회　63
작은 정원 이야기　64
당신이 여기 있소　66
영심 언니　68
참새의 먹이 사냥　70
닥터 지바고의 고향　71
직박구리　73
바이올린 연주　75
김형민 선생님　76
다랑쉬오름의 슬픔　78
비밀　80
한라산 중턱이 내 땅인 것 같아서　82

제3부

고통이 아닌 것이 어디 있으랴 86
아메바와 문어의 화려한 외출 88
병상일기 89
산부인과에서 90
칠순까지도 감사합니다 92
산다는 것은 1 94
산다는 것은 2 96
암이라는 사형선고 98
상잣성 숲길 100
담쟁이 102
애벌레 103
개나리 105
측백나무 106
고사리 107
노을 109
국화 옆에서 110
조의금 111
내 것이 안 되는 날 113
전원마을의 정원사 115
쉬는 것도 삶이다 118

제4부

'한강'에 빠져 허우적거려도 좋아 122
두 여자 125
간절곶에서 127
고해성사 129
바다는 울지 않는다 130
가는 길 132
자존심 135
새들의 천국 137
천산 재회 139
지미 오름 141

해후 1 143
해후 2 146
어르신 식사하셨어요? 147
카페 드 콜리 149
빨래를 삶으면서 151
수확 153
깨진 항아리 154
가을비 155
억새 156
겨울 이야기 157

해설 - 정원사를 꿈꾸는 시인 158

꽃과 나무는
추억을 소환하는 리듬이다.

제1부

조총소리에 심장은 멈추고

2011년 7월 29일
아버지 세대에 마지막으로
이 땅을 지키셨던 분
가난과 씨름하는 큰 형님이
안스러워
고향에 못 간다는 분이
형님을 만나러
고향에 갔더이다

화장터에 불이 켜지고
바슬어진 뼈가 한 웅큼의 가루가 되어
아들의 두 손에서 휴식하기까지
망인을 위한 기도 소리는
쏟아지는 슬픔과 눈물을
삼켰더이다

오늘 흘린 눈물이

살면서 나눈 정만큼 할까

저항을 하여도
총알과 함께 유언을 묻어야 했던
영혼들에게
용서의 빗줄기는
세 발의 조총 소리와 함께
우리의 심장을
멈추게 하더이다

다리가 하나뿐인 돋보기

가난해도
그렇게 없이 살아야 하는지
강냉이죽이라도 먹을 수 있어서
알 수가 없었으니

온몸이 바스러지게 일만 하면서
자식들 굶기지 않으려고
편한 잠 제대로 자보지 못한 세월
불평불만이나 넋두리도 못 하는
선한 마음을 들키기라도 할까 봐
마음속으로 삭히는 독으로
이를 악물고 평생을 사셨으니
우리는 그 응어리로 배를 채웠다

눈이 침침하다고 하면서
걸치는 돋보기가
언제부터인지 다리가 하나뿐인데

하나인 다리를 귀에 걸치고
구멍 난 양말과 옷가지를
감쪽같이 수선하는 일상을
양쪽 다리가 있는 멀쩡한 돋보기로
식구를 살리는 줄 만 알았던
피고인들
죄를 물어보아도
원고이신 어머니는
세상에서 사는 동안
수 없이 용서했듯이
오늘도
괜찮다고 하신다

어머니

구제품 구호물자에
자식들 생명을 맡기고
고구마 철이면 고구마를 삶아서
고사리 철이면 고사리를 사발에 담고
흥정을 소원하며
자식들 끼니를 걱정하신 어머니

눈보라 치던 날
구호물자 밀가루로 허기진 배를 채우고
밀가루 넣었던 자루를 팔러
서문시장엘 따라 나섰고
여식이 다리 아플세라 팔리지 않은 자루를
편편한 돌멩이에 깔아 주시던 손길은
얼음덩어리를 온돌로 만들었다

지금도 가끔씩 하시는 넋두리
4·3사건 때 친구들은 산에 올라가서 다 죽었고

어머니는 천주(하느님) 믿어서 살게 되었다고
냉수를 마시면서도 십자가를 그으며
생명을 지켜준 유일신에게
감사기도를 바치시는 어머니

가난과 슬픔을 산고의 고통 이상으로
월계관을 드리지 못할 지언정
"기저귀 빼지 맙서, 다리 아프덴 흐명 뭐 흐래
내려 왐수까, 흔저 올라 갑서!
버럭버럭 소리 지르며
한풀이를 해도
묵묵히 받아주시는 어머니

양파껍질을 벗기면서

양파껍질을 벗기면서
눈물을 흘린다
가난했던 시절
양파를 된장 찍어서
밥반찬으로 끼니를 채우신 아버지

눈물이 난다
나박나박 양파를 썰어
보글보글 된장찌개를 끓여서
맛있게 식사하시던 아버지

양파망에 양파를 보면서
그리움에 눈물을 적시고
양파만 먹어서
방귀를 뀌어도 양파 냄새가 난다며
선한 미소를 보여주시던 아버지

양파꽃이 하얗게 피어있는
밭길을 걸어보고 싶다
아버지 손을 잡고

큰오빠

오빠 셋에
막내딸로 자라서
식구들 사랑을 듬뿍 받고
가난해도 마음은 넉넉했네
못났다고 하면
편들어 주는 오빠가 많아서
잘 버티고 살았네
암과 싸우는 민머리의 여동생이 안쓰러워
얼굴을 똑바로 못 보고
하늘과 땅만 바라보던 큰오빠
어느 날
떡시루처럼 만원이 된 지하철에서
노인 우대석 한 자리가 있어
혼자 앉게 되었네

딸 같은 여자가 앉고
노인네는 서 있으니

따가운 눈초리
죄인처럼
고개를 숙이고 있는데
"환자예요, 많이 아픈 환자랍니다"
눈물이 고인 얼굴로
내 편을 들어 주셨네

김치볶음밥의 사랑

눈을 뜨면
아이들이 좋아하는 메뉴로
식사 준비를 하고
배추, 무, 파 등 김치 재료는
가위 무게로 산산 조각이 난다

가위질 소리에
아이들은
잠에서 깨어나
자명종보다
볶아지는 김치 냄새로
바다 속 깊이 빠진 잠도
섬으로 태어난다

큰 잔치도 아니건만
김치볶음밥의 식사는
옆집 삼순의 코도 벌렁 벌렁

감나무 아래 생쥐도 기웃거려

훈훈하게 채운 배를

안고서

일초도 기다려 주지 않는

버스를 놓칠까봐

달음박질친다

둘째 오빠

6·25전쟁 전에 태어나서
전쟁 후 가난과 질병으로
목숨만은 부지하고
작은 키에 머리가 좋아
외국 사람과 회화를 하며
주위 사람들의 눈길을 끌던
청년이었다

가정에 도움을 준다고
월남전에 가서도
어머니의 기도로
지뢰를 몇 번이나
잠재우며 살아온 둘째 오빠

어머니의 기도로
살아나서

자식도 여럿을 두었지만
월남전에서 얻은
고엽제 후유증으로
고통스럽게 버티다가
간성혼수로 세상을 떠날 때는
국가도
자식도
돌봐주지 않고
처참하게 혼자였던
노인이었다

가시나무새

쌀밥에 미역국을 끓여서
새해를 맞이하고 있을 때
전화벨 노랫소리
'사라의 집 간호사'라는 글씨에
가슴이 '쿵'하고 내려앉는다

'오동추야' 노래를 흥얼거리고
젊었을 때는 예쁘다는 말
많이 들었다며 100살이 되어도
여자이기를 소원하는 어머니

더는 딸과 손녀를 기다리지 않고
머리도 없고 팔다리도
하나도 남김없이 바친 가시나무새
이제 막
모든 것을 내려놓고
날아가네

어머니의 고향으로

평소에 즐겨 입던
겉옷과 내복을
하나, 둘씩 꺼내면서
어머니의 노래로 불을 댕겨
따뜻한 봄을 백 번 보낸 삶을 태워서
그리움을 날려 보내는데

꺼지지 않는 불씨가
마지막 가실 때
머뭇거리던 모습처럼
영정 속에서 지켜보신다

혈육

뜰놈이라고 구박만 당한
서러움도 잊은 채
굴묵에서 조침하며
황제의 꿈을 꾸는지
만리장성 화상 자국이
뜰놈 자식이라고 문신을 한 것처럼
서럽게 보였다

배고픔 때문이라면
훔친 것도 정당방위인 것을
짤짤이 동전 놀음 자본 때문인지라
온 몸이 피멍 들게 매질하는 아버지를
말리지도 못하는 나약한 존재가
바라보고만 있었으니

안식처를 틀지 못한

울지 못하는 파랑새는
노래 부르며 훨훨 날고 싶어
처절하게
외로움을 삼키면서
큰집을 선택하게 되고

아버지의 임종을
홍수 같은 눈물로 맞이하면서
향불 내음에 정성을 다하여
액자 속의 영혼을 지키고 있었다

가지냉국

경제 관념 없어서
백 원을 벌면 천 원을 쓰고
허구한 날 술타령에
몸이 가는 데가
잠자는 곳이고 집인 것을

두 딸의 눈망울이 양쪽 어깨를
짓눌러서 지옥 같은 10년을 버텼다

하나뿐인 딸이 선택한 사위가
백년손님이라
항상 조심하고 어려워하면서
좋아하는 거라면 뭐라도 해주시던
천사 같은 어머니
백년손님이 좋아하는 것이라
셀 수도 없을 만큼
가지냉국을 만들던 어머니

그가 떠나고
어머니 가시던 날
텃밭에 가지들은
유난히 시커멓게 말라
몸을 뒤틀며
몸부림치는 것 같았다

고백

피를 흘리고
온몸이
상처투성이로
두 어깨에
짊어지기에는
무거운 십자가였고

고해 방에서
이제는
내려놓겠다고
십자가는
아무나 지는 게 아니었다고
가시에 찔린 곪은 상처를
시원하게 내 보였으니

십자가의 흔적으로
어깨에 못을 박고

허리에 찌르고
천국의 계단을 올라갈 적에
눈물인지 땀인지
삶의 무게만큼
흘러내리고 있으니
회개하는 마음으로
작은방을 나왔다

어머니의 벽화

꿈을 꾸지 않았는데
꿈같은 일이 일어났다

밤에 부는 바람이
어머니의 머리를 흔들어
손톱에 먹을 갈아 추사체를 흉내 내고
손바닥에 물감으로 피카소를 그리고
젊은 시절 새벽잠과 시간을
끼니와 싸워야 했던 그녀의 고된 삶이
노년에 화가로 살게 하였다
잠도 안자고 언제 만리장성을 그렸는지
자신의 행위를 인정하기 싫어서
만나고 싶었던 저승에 간 친구가 했노라고

세월이 어머니의 머리를 흔들어
밤만 되면 벽지에 세월을 그리고
운명을 색칠하고

엉성한 뼈를 의지하여

몸부림치면서

깨우지 않아도

아침을 맞이하신다

가족

전생에 사람이었을
애완견 모루는
2개월이 되어서 큰딸네
가족으로 살게 되었고
애착이 유난히 많은 모루는
접촉하는 걸 좋아해서
사람의 다리 사이와 배 위에서
자거나 쉬는 게 일상이다

멍멍 짖지 않아서
언어장애인가 했는데
자존감이 높고 똑똑해서
짖지 않는다는 걸
전문가를 통해 알게 되어
더욱더 사랑스럽고
가끔 놀잇감을 가지고 놀면서
짓궂게 장난을 하면

그때야 으르렁대면서 짖어댄다

자녀를 키우면서
엄마 아빠 중에 누가 더 좋냐고
어리석은 질문을 하듯이
물어보는 사랑싸움을 하지만
애완견 모루는
좌 모루도 강 모루도 아닌
누구의 소유도 아닌
자신만의 멍 모루이고
가정의 평화와 기쁨을 주면서
세상 다하는 날까지 건강하고
행복하게 살아가길 바랄 뿐이다

삭발하는 날

단군 할아버지가
우리나라를 세우신 날
전설의 고향에서 볼 수 있는
머리가 한 주먹씩 빠지자
삭발을 결심하고
큰딸과 미장원엘 갔다

암 선고받을 때보다
삭발할 때
모든 걸 잃은 것 같아
눈물이 펑펑 쏟아진다고
마음을 굳게 먹으라고

머리카락은 잘라도
시간이 흐르면
길어질 거지만
모든 것을 다 잃은

몸과 마음에 상처는
잘라버린 머리카락 이상으로
길어져 버렸으니

거울 속에 큰딸이
'엄마 헤어스타일이 짱이야!
두상도 예쁘고 개성 있어 보여'
눈물이 쏟아질 줄 알았는데
거울 속에 엄마는
딸이 주는 보약 같은 언어로
웃고 있었다

머위나물

봄이 왔다고
죽지 않고 살았다고
얼굴을 내미는가

씁싸래한 맛으로
유혹하여 깊이
빠져들게 하는지

한잎 두잎 몸을 던져
뜨거운 물에 버틴 것을
한참을 담그고 우려내서
인생의 쓴맛을 없애고
기름에 달달 볶아
머위나물을
맛나게 드시던 어머니

둥글넓적한 얼굴로

하얀 머리를 풀어헤치고
앞마당 모퉁이에서
건강하고 행복하게 키운
하나뿐인 딸과 손녀들을
지켜보시던
그리운 어머니

찬솔빌 추억

이 층 한쪽에 더부살이해서
평가가 아슬아슬하게
못 나오는 것 같아
법원 건너편에 있는
원룸 하나를 빌어
셋방살이하였고
하나에서 열까지 이중으로
생활하려니 불편의 무게로
힘들기도 하지만
시청 근처에서
모든 것 잊고
친구랑 실컷 놀다가
오는 것이 편하고
좋아하는 치킨집이
바로 앞에 있어서
두 딸은 좋아했다

보따리 싸 들고 셋방살이하면서
기를 쓰고 애간장을 도려내도
두 손 맞대고 비빌 언덕이나
줄 짧은 가방도 없는
홀어멍은
원하는 결과는 한숨으로
깊은 바다로 잠수를 하는 건지
절망으로 헤엄치는 듯이
고개를 들지 못하게
주저앉는 이방인이 되었지만
찬솔빌 앞 리어카에
다정한 부부의
호떡과 붕어빵을
호호 불며 먹었던 추억으로
훌륭한 점수를 받았다고
애씀이 가상하다고
근면상을 받은 것으로
위안해 보는 것도 괜찮다

기적

초고령 초산으로
딸을 낳고 수술실에서
걸어 나올 수 있었던 것도
기적인데

좋아하는 노래 부르면서
여행이나 다니고
결혼은 안 한다고 했던 딸이
시집을 간 것도
또 하나의 기적이다

하루가 열리고

하루가 열리고
구름 위로
땅 밑으로
짧은 시간에
다닐 수 있는
스릴 넘치는 날이
짜릿하고 행복하다

어디서 왔는지
무슨 일을 하는 사람인지
알 필요도 없고
내 존재를
그다지 신경 쓰게 하지 않고
편한 자세로
놔줄 수 있는 것도
기분이 좋고

환청이 들리는 것이
약 부작용일 수도 있다는
주치의의 조언으로
눈을 감아도
밝은 얼굴이 아른거려
마음이 아프지만
내 자신에게
철저하게 자유를 주고
여유롭게 거닐고
맛있는 것 먹으면서
괜찮다고 잘 될 거라고
다독거려 주고 싶다
오늘 만큼은

산지천의 추억

여름만 되면
이곳 산지천은 목욕탕이 되어
선듯 선듯하게 물을 끼얹으며
멱 감던 일이 생각난다

오늘, 작은딸이
그 물에 발을 담그며
좋아라 웃으며 신이 났고
엄마 부르는 소리
아랑곳 하지 않고
배고픈 시절에 멱 감다가
그 물을 마셔도
꿀맛이었던 시절이 그립다

어머니의 방

한발 한발
발자국을 옮길 때마다
시야에 밝히는 것은
가신님의 그림자

방문을 열어도 닫아도
은근히 미소로 반기는
철철 주야 아들 딸 잘 되라고
온몸을 바수러지게 움직이시더니
저승에 가서도 살피시는 눈빛

살아생전에 잠 못 이루면서
그려낸 흔적을 도배지로 감추어도
슬그머니 손과 발을 내놓고
자장가를 불러주시는데
묵주 알을 만져도
지울 수가 없어서

생전에 모습을 그리워하며
당신의 흔적을
수채화로 남겨 둡니다

시인은 한 줄의 시를 써 놓고
추억의 시간과 함께 걷고 있다.

제2부

고팡 이야기

김밥과 오뎅국물
한 쌍의 원앙처럼 궁합이
절묘하게 맞는 날

손으로 가렸지만
칠월 십 격 돼지는
우리에서 나오면서
배부르게 먼저 먹고
부자가 된다

광 팔라고 안 해도 자수하여
무광이라고 외치면
위로금 주는 넉넉한 아낙들
주가지수도 코스닥지수도
오르든지 내리든지
구호금으로
경제를 살려주는

따뜻한 마음을 가졌으니

사업 성과를 물어보는 게
관심을 보이는 예의 같아서
본전이라고
각본에 쓰인 것을
녹음기처럼 틀어도
칭찬받으며 염치를 세워주는
비가 오나 눈이 오나
못 먹어도
고
고
고

수학여행

치마 걷어 올리고
고무줄 잘라 버렸던
개구쟁이 친구들과
추억 만들기를 하였다
그 시절 짝이 아닌 친구가 짝이 되어
두 다리 쭉 뻗고 의자를 침대 삼아
콧노래를 부르며
장흥선을 타고 잔잔한 물결이
소풍가서 도시락 먹던 일
청군 백군 응원하던 운동회 때
여자로 태어나 어른이 된다는
선홍색의 새빨간 피로
숨기려고 애를 썼던
얼룩진 바지가
어제 일 같이 생생하다

오늘 하루

인생의 나이를 바다에 던져 버리고
소풍 가서 수평선까지 달리기하는
기러기가 되어보자

해장국

언니,
바람 불고 출출한데
해장국이나 먹게요

언니,
비도 오고 기분도 그런데
해장국이나 먹게요

아 모란이 —
아 동백이 —
계절을 바꾸어 다시 피면
상사화가 핀 정오에는
돈, 돈, 돈 하며
빨간 선지도
노란 계란도
초록 부추도
반기지 못하고 사는데

봄이 오면 붉은 동백이 떨어져
내 마음도 붉어지는데
예래 마을 귤을 따는
정 많은 사람이
빨강, 노랑, 초록으로
따뜻하게 마주 앉아
마음속을
환하게 보여줍니다

기부 천사

'내려와 보라, 냄비 가지고'
음식 여행을 하는 것처럼
제육볶음, 잡채, 떡볶이 등
먹을거리가 떨어질 만하면
하나둘씩 가져와서
독거노인 굶어 죽을까
영양실조라도 걸려서 힘들게
이겨낸 몸뚱아리 쓰러질까
오늘도 눈물로 배가 부르고

관심과 보살핌을 마다하고
제멋대로 자란
못생긴 호박과 가지는
텃밭에서 귀한 손님이 되어
혼자 먹는 밥상에서 대접받으며
임금님 수라상을 받은 것처럼
위를 거쳐 내장 여행을 하더니

산티아고 순례길을 걸을 수 있는
포만감으로 살이 찌니
얻어먹는 신세로
생을 마감하면
기부 천사도 행복하겠지

보리밭 인생

영양가 없는 버려진 땅에
돌멩이를 파고 잡풀을 메며
땀으로 범벅이 된 얼굴이
햇살을 벗 삼아 까맣게 그을렸다

오일장 할머니의 보리쌀을
끼니마다 먹어치우는 식솔에
오일장 보리밭을 사버렸으니
비만 오면 무성해진 잡초를
허리가 휘어지게 뽑으며
보리알이 영글어 갈 무렵
"여긴 나 땅이 우다, 농사짓지 맙서 양!"
땅 주인이 나타나 고함치는 소리에
고개 숙인 보리가 하늘을 쳐다보고
노란 들판을 꿈꾸던 심장은 멈추고
검은 구름이 친구를 부른다

막걸리가 먹고 싶다

당일바리가 아닌
며칠 동안 숙성된
막걸리 한 대접에
부부는 행복해 한다

해장국을 안주 삼아
마음의 문을 열고
허기진 배도 채우고
한 대접의 막걸리로
후덕한 아낙이 되고

삶의 모서리에서
뒷모습이 허전한 사람들과
호탕하게 웃으면서
막걸리가 먹고 싶다

부자도 부럽지 않고

세련되지 않은 옆집 부부의 삶도
부지런한 모습만 보여
건아한 취기에
속이 훤히 들여다보이는 부부와
컬컬한 막걸리가 먹고 싶다

장수상회

미소를 머금은 모습이
활짝 웃는 얼굴보다
좋아 보였던 친구들과
어깨를 나란히 하고
연극을 본다

가슴 뭉클하고
눈시울이 뜨거워지고

사랑했던 사람의 이름과
얼굴을 기억할 수 있어
행복한 저녁이다

작은 정원 이야기

가을 하늘 만나러 가는 길목에
계단을 지키는 식구들이 살고
꿈꾸는 게 다르고 얼굴도 달라
저마다 추억을 간직하며 숨쉬기를 하고

이름도 생각이 나지 않아
눈빛으로 불러도 대답하고
스승의 날, 태어난 날에
잊지 않고 찾아와 대가족이 되었다

얼굴이 빨개지며 선생님 얼굴을
똑바로 못 보던 실습생이
선생님이 되고
말 한마디 건네기 어려워하던 학생이
원장 선생님이 되어
아이들과 눈을 마주보며 행복을 가꾸고

동창생들과 소리 모아 합창하고
빨간 단풍 옷 입고 올레길 걸으며
목이 마르고 쉬고 싶다고
아우성치는 생명들로
시간은 번개처럼 지나가고
기억의 쇠사슬로 웃고 있다

당신이 여기 있소

"여보! 마당에 나와 보시오"
구석구석 잡초를 메고
쓰러진 돌덩이를 일으켜 세우고
목마른 나무에 물을 주면서
시간을 죽이는 일이 하루 일과

살아서 숨을 쉬는 식물과
숨을 안 쉬는 것처럼 보이는 돌덩이들도
주인의 말동무가 되어
세월의 나이테가 되었다

늠름한 풍채와 목소리로
주변을 돌아보는 어른이
마당 식구들에게는 정성이 넘치고

어느 날
"당신이 여기 있소!"

키 작은 나무에 단아하게 핀 꽃을 보고
팔순을 넘긴 아내에게
마음의 정을 심고 가꿔온 솜씨로
사랑 고백을 한다

영심 언니

조무래기 아이들과
온종일 놀아주며
빈자리를 채우려고
애쓰시는 영심 언니

어느 날
전복죽을 끓여서
어머니께 정성을 가득
가져다주던 고마운 분

언제나
아픈 곳을 어루만져
한 올 한 올 뜨개질한 모자로
월계관을 씌워주던

손녀딸과 여행한 흔적으로
가족의 이야기를

사진과 글로 남기신 것을
아낌없이 주는

내 나이 60이 넘도록
전복죽은커녕
흰죽 한번 끓여드린
기억도 없는 딸자식은
영심 언니의 정성으로
회한의 통곡을 합니다

참새의 먹이 사냥

밥 한 그릇 물 한 사발
차려진 작은 집에
손님들이 찾아 들고
벌과 나비는 꽃을 찾아 신선놀음
여왕개미는 식구들을 거늘어
밥 한 톨에 목숨을 건다
어디서 왔는지
참새 가족들 기웃거리더니
발발이가 먹다 흘린 건더기를
부지런히 쪼아 먹는 것을 보니
기웃거리며 얻어먹은 시절이 있었는데
배부른 참새는 내일을 잊은 채
먹이를 죽이고 있었다

닥터 지바고의 고향

탑동 바다로 향하는 무근성길
무엇에 홀린 것처럼
신발이 닳도록 다니던 길
정으로 가득한 곳에
커다란 집과 키가 큰 나무들이
있어도 작아지지 않고
덩달아 커지는
좋은 음악이 흘러 나와서
발자국을 지울 수 없는 곳

매서운 바람에 쏟아지는
함박눈으로 땅만 보고
뒷걸음질도 아랑곳하지 않고
온몸으로 눈과 싸워야 하는
얼굴을 무지하게 때리는
회초리 같은 눈으로
닥터 지바고 영화를 떠올리며

무장도 하지 않고
전쟁터를 가는 게
천국으로 가는 길이라고
위안할 수 있는
젊음이 있었으니

전쟁이 끝난 곳에는
빈센트 반 고흐를 그리는
음악이 잔잔하게 흐르고
밤하늘에는 별이 빛나고
눈과 바람과의 전쟁은
마음속에 쌓인 정을
이길 수가 없어서
휴전협정으로 끝이 났다

직박구리

너는 참 좋겠네
친구들이 많아서

너는 참 좋을 것 같네
사랑싸움할 짝이 있어서

너는 참 좋겠네
쉬면서 친구들과
노래 부를 수 있는 터가 많아서

너는 참 좋을 것 같네
비방하거나 욕심부릴 일이 없어서

나도 좋네
좋은 친구들이 있어서

나도 참 좋네

눈만 뜨면 찾아오는
너희들이 있어서

바이올린 연주

현악기와 건반악기가 만나서
왈츠와 탱고를 추며
우주를 흔드는 화음 뒤에는
바이올린 연주자 어머니의 얼굴이
후광으로 비치고
바이올린 줄마다
연주자 어머니의 사랑, 정성, 눈물로
튕긴 현악기의 소리는
무대 아래 모여든 마음을
울리면서
웅장하게 메아리쳐서
가슴속으로 파고들었으니
얼마나 오랜 시간을
바이올린과 지내면서
손가락이 없어지는 아픔으로
세상에 존재하는 어머니들은
손바닥이 보이지 않게
박수를 보냈네

김형민 선생님

교정에 들어서는
하얀 칼라에 제자들을 보면서
가슴이 뛰는 기쁨으로
'소크라테스 제자'들을 위해
밤잠을 안 자고 타이핑하면서
청춘을 바치신 선생님

나이는 숫자에 불과하고
가난은 불편해도
이겨낼 수 있다고

똑똑한 제자가 자랑스럽고
무에서 유를 만들어낸
오등 골의 기적을
탄생시켰다고
엄청난 칭찬을 남기고
다시 못 올 먼 나라로

여행을 가신 선생님

온몸으로 사랑하던 제자들을
어떻게 잊으시고
먼저 떠난 제자들을 만나서
위로받으며
소요학파의 산책길을 걸으며
스승을 배반한 유다를
용서해 주세요

다랑쉬오름의 슬픔

초등 동창들과
쉬며 쉬며 오름을 오르는데
불편한 얼굴과 몸으로
조금 가다 쉬고 하는 게
자신을 보는 것 같아서
관심 있게 보던 친구

어린이집 행사로
다랑쉬오름을 가지 못하고
마음만 오름에 있었는데
쉬면서 오름을 오르는 친구가
다랑쉬에서 쓰러져서
일어나지 못하고
먼저 하늘나라로 갔으니

다랑쉬오름 아래
4·3때 학살된 수많은 사람이

문혀 있어서
통곡하고 있는 것을 알고
이곳에서 하늘의 별이 되어
그 옛날 한을 품은 영혼들과
함께 하려 했는지

다랑쉬오름을
찾아갈 수 없어서
멀리서 멀리서 보고 있다
오늘도

비밀

언니!
많이 아프지 말고
언제 고기국수 먹게요
별도봉 주변을 걷고
남문서점에서 책 보고 있다고
안부 전하던 후배가
어느 날 반려자와
싸늘한 숲길에서
천사가 되었으니
무엇 때문에
유언도 흔적도 없이
날개 없는 천사가 되어
하얀 눈으로 덮인 숲에서
돌과 나무와 침묵하며
겨울잠을 자게 됐는지
말 못 할 비밀이 있어도
다시 못 올 길을

선택하는 사람이
얼마나 있는지
버티고 사는 세상이
너무도 잔인해서
겨울잠을 잔다면
사연일랑 잠재우고
따뜻한 봄날에
겨울잠에서 깨어나
울타리 옆 냇가에서
시 쓰는 얘기 나누기로 해요

한라산 중턱이
내 땅인 것 같아서

나이가 들어서
꼬부랑 할머니가 되면
걸을 수도 없어서
한숨 부자가 되기 마련이라
나이 들어도
건강하고 힘차게
똑바로 앞을 보면서 살려고
준비하였는데
하늘 근처까지 가야 하는
죽음과 아픔을 이겨내려고
가슴과 배를 감싸다 보니
저절로 굽어지는 허리는
온몸으로 발악해도
땅을 밟고 있는 것으로
한라산 중턱이 내 땅처럼
감사할 뿐이다

손바닥만 한 땅도 없어서
아파트 화분에 흙을 만지며
대지를 얻은 것 같았는데
흙냄새를 맡으며
수많은 나무와 만나며
먹을거리 찾아서
기웃거리는 까마귀와
무수한 발자국으로
주인 행세를 한다는 것은
로또 당첨인 것이다

오랫동안 신지 않은 신발이
입을 벌리도록
오랜만에 만난 친구들도
따뜻하게 응원해주는 덕에
쏟아지는 햇볕으로
세례받으며

못하는 운동도
'나이스 샷'
행복한 하루다

제3부

고통이 아닌 것이
어디 있으랴

8시간 동안 수술을 받고 나서
시계의 1234 숫자가 보이고
초침이 움직이는 것이 보이자
울려고 하지 않아도
눈물이 쏟아졌으니

'살았구나' 하는 순간
두 딸이 보고 싶고
살아있다는 것에 감사하면서도
도마 위에 냉동 생선이 되어
죽어 있다가 다시
숨을 쉴 수 있다는 것이
믿기지 않았다

잠을 이룰 수 없던 밤을
기억하기도 싫은데
항암치료를 마치고 나니

하품이 나오고 밤잠을 잘 수 있는
날이 찾아와
수면장애와 외로움으로 지샌 밤이
다양한 통증으로
고통만큼 파고든다

아메바와 문어의
화려한 외출

      수많은 눈동자의 눈빛이 두려워
      수건으로 가리고
      모자로 가려도
      숨길 수 없는 상처가
      자랑이라도 하듯 선명하게 보이고

      물속에 들어가는 것도 두려워
      물가에 앉아서 찌든 땀 냄새를
      지우려고 애쓰지만
      아메바와 문어는 숨쉬기가 힘들어
      허우적거리며
      바닥에서 헤엄치고 있으니
      더는 할 수 없는 외출

      눈 딱 감고
      목욕탕을 찾았다.

병상일기

동화 속 아이들의 놀이터
파란 물감을 풀어 놓은 수채화
오색 무지개가 춤을 추는 바다
하루를 열어주는 창문 이야기

솔릭 태풍으로 변해버린
회색빛 도시
회색빛 하늘이
좋아 보이는 날
오늘 퇴원한다

회색빛 창문이 보이는 곳에
병상이 있다는 것에 감사하고
멜랑꼴리한 회색 도시
이스탄불이 그리운 날
친구들이 보고 싶다

퇴원이 취소되었다

산부인과에서

첫 번째 호르몬제는
무릎관절 통증이 오는 게
제일 큰 부작용이었고
5년이 지나서 먹게 되는
두 번째 호르몬제는
자궁에 문제가 생길 수 있다고
자주 산부인과를 찾게 되어
자궁에 대한 다양한 검사로
남자 의사에게 두 다리 벌리고
아랫부분을 보여준다는 게
두 딸을 낳았어도
아직 여자란 것이 부끄러워
여자는 늙어서 죽을 때까지
부끄러움을 두 어깨에 달고
살아야 한다는 게 억울하지만
암세포를 죽이고 살아있다는 것으로
위로받으며

잃은 것이 있으면
얻는 것도 있으니
얼굴에 철판 까는 연습도 하다 보면
언젠가는 철면피가 되겠지

칠순까지도 감사합니다

오전 9시에 들어가서
오후 6시까지
얼음판에 누운 커다란 생선을
해부하듯이
커다란 암 덩어리와 새끼들을
이별시키는 일이
얼마나 위대한 건지
죽음이 옆에서 기다리고 있다는
생각도 못하는 시체처럼
수술실 문밖에 나오자
시계가 희미하게 보이고
숫자가 보이기 시작해야
'살았구나'
숨을 쉬고 있었으니

마취가 풀리면서
시간이 멈춰 버린 것 같아

바락바락 악을 써도
아무도 고통을 가져가거나
나누지도 않는 세상
원망할 기력도 없어
눈을 감고 잠을 청해 본다

'죄인에게 강복하소서'
주님 곁에 가겠다고
묵주 알을 굴리면서
살아야 한다는 이율배반적인
욕심으로 눈을 뜰 수 있음에
몇 년 더 살아서
칠순까지라도 두 딸과
오손도손 숨 쉬게 해달라고

중천의 해는 숨바꼭질하더니
감사의 눈물로
비가 되어 쏟아져 내린다

산다는 것은 1

언젠가는
홀로 된다는 것을
마음에 두고 있어도
포기하지 못하는 병이
암 덩어리로 자리 잡아
수술대에 올라가
대자로 눕고

힘들다고
애를 써보았지만
떨어졌다고
하소연하고 싶었는데

팔 다리에 끈을 달아
의지하고 살았는데
이기적인 처세가
애리고 아파서

헐거워진 끈이 춤을 추면서
곡예를 한다

산다는 것은 2

산다는 것은
빛바랜 커튼이
바람에 흔들리는 것

산다는 것은
벽을 타고 내리는
빗줄기의 몸부림

산다는 것은
너와 내가 거리를 두며
돌담을 어루만져 보는 것

산다는 것은
떨어진 단추를
다시 다는 일이고

산다는 것은

언제까지
빗줄기를 볼 수 있는지
내가 살아야
암세포도 살 수 있다고
살 수 있다고
가슴을 어루만지는 일

암이라는 사형선고

우리 딸들은
엄마는 앞 바당에서
갯것들 잡는 비바리로
억척스럽게 살아
웬만하면 아프지도 않고
천년만년 살 거라고
생각하며 살았다고 하는데

유방암은 결혼을 안 하거나
모유 수유를 하지 않은 여인네가
걸리는 것으로
얕은 지식이 착오라는 것을
어느 날 알게 되었으니

지구에서 세균들이 전쟁을 일으켜서
우주 속에서 바르게 돌고 있는 건지
시작과 끝을

알 수 없는 이유 하나로
뜬눈으로 위로하면서
밤잠을 설치는 일이 수없이 쌓여가고

마음을 빼앗은
죄인에게 내린
처벌로 받아들여야 하는
하늘을 우러러
부끄러움이 들켜버린
사형선고라고 생각하는 것이
나을 듯하다

상잣성 숲길

아침 안개가 피어오르고
붉은오름이 깨어난다

붉은오름 상잣성 숲길
어둠의 터널을 지나
동행을 한다는 것
첫사랑을 만나는
봄의 선물

'좋아, 좋아, 너무 좋아'
초록 속으로 빠져들어
아무도 부럽지 않은
길동무는
산딸기와 숨바꼭질하고

아침 안개 물안개가 되어
그리운 사람을 만나듯이

암세포와 동고동락하며
숲길 동행하는 동반자들은
커피 향처럼 살아가리라

담쟁이

우주를 다 덮고 활보하라고
하지 않았다
단지 우리집 울타리만 애워싸서
호위병이 되기를 원했는데
새벽이슬을 머금고
애써 잊지 못하는 사람을 향해
두 팔을 뻗어보지만
태양을 바라보기가 두려워
힘없이 주저앉고
우주 끝까지 가겠노라고 쓰여진 글씨는
안개 속으로 사라져
천년의 고통을 씻어버리고
날카로운 흙의 껍질을 붙잡고
쉬며, 쉬며
올레까지 마중 나가보자

애벌레

너 가
그곳에 숨어 있는 것을
아무도 모르고
하루하루 이파리가 사라져도
태어나면
언젠가 죽는 것처럼
당연한 것으로 바라보았으니

너 가
초록의 영양으로 살찌고 있을 때
피는 거꾸로 흐르고
앙상한 가지만이
발버둥치고 있었다

팔 다리가 없어지고
피를 말리는 일상도
세상 끝나는 죽음보다는

낫다는 것을
가냘픈 새순으로
생명의 기적을 보여주었으니

어느 날
완전범죄가 끝이 나고
너의 배설물과 함께
찬란한 안식처로 떠나려고
초록의 살찐 숨구멍을
꾹 눌렀다
아무런 미련도 없이

개나리

꿈에서도
못 만났던
그리운 님이 찾아오듯
가파른 언덕배기에
따스한 햇빛으로
태어났다

가슴앓이 하던
동면을 이기고
기지개를 펴며
활짝 웃는 얼굴
황금빛 정원에
아이들 노랫소리가
울려퍼진다

측백나무

장승처럼 큰 키에
그늘이 드리워지면
주차장으로 안성맞춤이다
주차비도 안내고
여러 해를 기생하여
뻔뻔함이 미웠던지
종종 날아다니는 무리들이
실례를 한다
새똥 닦아내기 힘들다고
피난을 가지만
전쟁은 계속 된다

고사리

작년에 남겨 놓은 유산을 찾으려고
온산을 후벼 다녔더니
발을 땅에 디딜 수도 없는 통증으로
오만상 찌푸리고 앉아있다

숲에서 만나는
온갖 들풀과 이름 모를 새들은
봄을 맞이하느라
몸살을 앓고 있고
유산의 허리를
톡톡 자를 때 행복하고

행복에는 고통이 따른다는 걸
뼈저리게 느끼고 나서야
무릎에 꽂힌 주사바늘을 보면서
"그놈의 고사리"
한숨을 쏟아내며 후회하지만

70살까지 꺾겠다던 고사리는
60살 전에 다 꺾어
절나의 몸으로
아픈 다리 옆에 누워 있다

노을

저녁 안개가 걷히고
불꽃처럼 타오르는
눈부심이 있었으니

애타게 기다리는
내일을
조바심으로
바라보고 있고

누구를 위하여
하늘에 불을 지르고 있는지
알 길이 없었다

국화 옆에서

많은 사람들이
문상을 왔다
동창생 어머니의 죽음으로
30년 넘게 만나지 못했던
졸업사진 속의 얼굴을
국화 옆에서 보게 되어
거의 반백이 된 머리가
하얀 국화와 어우러져
황금빛으로 빛나고 있었다

조의금

넓은 풀밭을 뛰어놀며
세상에서 제일 행복하게 보이는
사람들의 고된 삶은 아랑곳하지 않고
자유를 만끽하면서 다녔으니

어느 날
먼길을 떠나버린 반려견 남매
마당 구석구석 흔적을 남겨놓고
떠나지 못하고 땅바닥 쳐다보고
하늘만 바라보는 인간은
시간이 지나면서 포기해야 했다
아픔도 슬픔도

게으름이 한라산만큼 쌓여
하나씩 버려야 할 것 같아서
이불장을 정리하다 보니
이부자리에 오랫동안 잠들어 있는

보물이 있었다

'돌이와 멩이를 기억하면서 …
2006년 4월 17일
따뜻한 봄날에 …'

하얀 조의금 봉투에 글을 남기고
봉투 속에는 만 원권 5장이
오래된 지폐임을 보여주듯
크기도 작아지고 화폐 그림이
경복궁 경회루가 해시계로 바뀌어도
정성 가득한 조의금 곁을
떠날 수가 없어
돌이와 멩이는
들판을 달리고 있다

내 것이 안 되는 날

가진 것이 없어도
의미 있는 삶을 살고 싶어서
자신을 위해 투자하는 것을
망설이지 않았고
비행기 타고 거금을 들이며
아이들과 잘 지내는 교사를
교육시키는 게 최선이라고
한 채의 집을 얻기보다
지식을 얻는데 투자를 하였다

하늘 가까이 가는 아픔을
겪으면서 투자한 서적을
멀리한 지 오래되다 보니
훗날 누군가에게
짐이 될 것 같아서
폐지 관리하는 사람에게
수백 권이 넘는 책을 기부하니

오랜 시간 옆에서 지켜준
자신을 버린 것 같아
섭섭하면서 홀가분하였다

내 것도 내 것이 아닌
다 준 것 같아도
청춘을 꿈틀거리게
불태웠던 길고 짧은 글들은
주인을 지키려고
책꽂이에서 바라보고 있다

전원마을의 정원사

조그마한 화분에
보이지도 않게 흙에 붙어
풀대기로 보였던 싹이
시간을 먹고
물을 먹더니
하루가 다르게
줄기와 이파리로
아침을 연다

어느 날 길게 팔을 뻗고
보일락 말락
봉오리가 맺히더니
사춘기 소녀의 가슴처럼
빵빵 하던 봉오리가
온 세상이 잠든 시간에
참을 수가 없어
터져버린 얼굴은

기다란 나팔이 보라색 양산을 쓰고
주인을 기다리고 있다

'삭소롬' 이라고 이름을
부르기 전에
나팔주머니에서
꽃축제가 열린다고
팡파레가 울려 퍼지고

조용하고 단아한 모습으로
있는지 없는지
하늘 아래 살다가
고향으로 돌아와서
잔잔한 웃음 같은 집과
꽃밭을 가꾸면서
섬에서 살았던 이야기를
글로 남기고

은목서가 있는 집에서
꿈을 키우는 정원사

꽃을 살린 대가로 추수한
씨앗과 꺾꽂이한 자식들을
분양하는 마음이
잘나가는 아파트 분양권을
받는 것만큼 좋았고
가까이하기 어려웠는데
식물 바라기도 하며 소일거리
선물해준 정원사는
'삭소롬' 같이
보이지도 않다가
여기저기 꽃을 피우는
오묘한 색을 가진
여인으로 기억하고 싶다

쉬는 것도 삶이다

벚꽃이 만발할 때
아이들을 만났고
벚꽃이 피기 전에
이별해야 하는
아픔도 있지만
쉴 수 있다는 여유가
마음을 설레게 하고

주말에도 돋보기 써서
바닥과 구석구석 닦느라
온몸에 파스를 붙이면서
모두가 열심히 준비하여
좋은 결과를 받았건만
아이들이 없어서
사십 년 이상 아이들과
함께한 것을
접어야 하는 고통이 있었으니

기대 이상의 평가 결과를 보면서
몇 년 전에는 기뻐서 눈물이 났지만
지금은 억울해서 펑펑 울었다

시작도 어렵지만
접어야 하는 마무리는
더욱 힘든 일이라는 걸
정리하는 식구들과 느끼면서
편안한 마음으로 돌아오는데
시간이 필요하였고

은행가서 통장정리 안 해도 되고
공문 서류하느라 빼앗긴 주말도 즐기고
어떠한 일에도 메이지 않고
홀가분하게
친구들과 올레길 걷고

이야기 나누며 맛있게
인생을 즐길 수 있는 기쁨으로
하루하루가 채워지니
온 세상을 다 가진 포만감으로
숙면의 밤을 맞이하니
쉬어 보는 것도 맛 나는 일이다

제4부

'한강'에 빠져 허우적거려도 좋아

5·18의 엄청난 사건이
한 소년을 통하여 전개되는
'소년이 온다'는
한 편의 영화를 보는 것 같이
마음이 찢어지게 아파서
역사를 읽는 것이
슬픈 영화를 보는 것처럼
눈물바다에서 헤엄치고

죽은 이를 살려낼 수는 없지만
죽음을 계속 살아있게 할 수 있다는
'작별하지 않는다'는
4·3을 그려낸
잊어서도 안 되고 잊을 수 없는
친구 어머니가 겪은 사건을
친구와 대화를 나누면서 그려지는

장면들이 오버랩되는 과정이
소름 끼치게 하는데 충분하였다

성장기에 학대와 고통이
한 사람의 일생을 나무처럼
살아가게 할 수 있는 것을
인간관계를 통하여 쉽지 않게
작품으로 토해낸
밤새워 토론까지 하게 만든
'채식주의자'는
오랫동안 항아리 속에서 숙성된
묵은지를 맛보는 것처럼 다가왔고

돋보기가 좋아서
쉽게 만나는가 싶었는데
노벨문학상이 뭐길래
책꽂이에 숨어서 비웃은

채식주의자는
첫사랑 고백한 것을 잊고서
노벨이 중매한 것은
다른 만남이라고
사랑한다고 또 고백을 하였으니

'한강'에 빠져도
따뜻한 심장은
숨을 쉬면 죽는 해녀처럼
얼음 심장이 되어
여기 기웃 저기 기웃
이 사람 저 사람 만나게 해서
놀고먹는 백수는 풍요로운
정거장을 향하여
오늘도 기웃거린다

두 여자

나에게 선물로 온
두 딸을 교육시키고
잘 키워보려고
주어진 종잣돈으로
땅을 구입하고
꿈을 꾸었다

건축사를 만나서
설계를 마치니
어마어마한 자본이
있어야 하는 현실이
나를 슬프게 하고
고민하고 고민하다가
같은 길을 가고 있는
후배에게 어려운
부탁을 하였다

혈육도 마다하는
은행 대출 보증을
후배인 두 여자는
서류에다 도장을 찍고
꿈을 이루게 하였으니

눈이 가는데 마다
오름이 앞에 있고
어느 곳에서도 볼 수 없는
웅장한 한라산과 구름 수채화

노을 수평선이 펼쳐지듯이
두 여자의 얼굴이
오등골에 명화로 그려져
살아서 숨 쉬는 동안
감사하고
감사한 마음으로
가슴에 남을 것이다

간절곶에서

경상남도 울주군 대송리에 가면
둥그런 우주 속에서 허우적거리는
적도를 그리워하는 수평선이 있다

박재상의 아내가 남편을 간절히
기다리던 곳에서
꿈에서도 못 만나는 아버지를
간절곶 소망 우체통에서나 볼까

제일 먼저 떠오르는 해를 맞이하듯
마음 한구석 허공을 어루만져
가다가 다 못가더라도
갈 때까지 가자고
다시는 안 본다고 접어버린 사랑도
마지막 끝이 아니길
간절하게 빌어보리

오늘 이 순간
지천명을 살아가는 인생이
자궁 속에서 헤엄치고 있다

고해성사

이 핑계 저 핑계로
미루고 미루었던 일을
마음 단단히 먹고
고해실에 들어선다

복수와 분노를
회개와 용서로
죄를 고백하는 것을
깨닫게 되면서
얼굴을 마주하고
고해성사를 본다

곶감 빼 먹듯이
빼 먹지 않아도 되는
엄청난 죄를
고백하고 나니
마음이 후련하고
날아갈 것 같다

바다는 울지 않는다

아침잠이 쏟아지는 시간에
방파제에 숨어서 돌멩이 던지던
소년은
뱃고동 소리를 들으며
소녀를 기다렸고

모래사장에 써내려가던
이름이 수없이 지워져도
미워할 수 없는 파도는
모래알을 깨우면서
방파제에 이름을 남기고

나무 심을 구덩이를 파주었던
인연으로
헤어지기 힘들어
섬으로 떠나야 했던
소년은

쏟아지는 비를 맞으며
바다를 원망하며 발버둥을 치지만
바다는 울지 않고
새벽을 맞이한다

가는 길

울긋불긋 단풍도
언제 왔다가 갔는지
사각사각 눈을 밟으며
하얗고 두툼하게 털옷을 입은
천왕사 가는 길
감각도 없이 걸어가는
발자국을
원망할 여유도 없이
살얼음 같은 심장을 안고
눈치만 보면서
무작정 걸었다

늘씬한 사람이
부추 신고 뽐내도
아랑곳하지 않고
짧고 몽땅한 다리에
납작한 운동화를 신은

꾸밈없는 여인을
좋아하는 사람이라
만나는 시간이 길어지니
더는
지켜볼 수 없었다고

천왕사가 먼 곳에 있다지만
가도 가도 대웅전이 안 보여
백팔 배라도 하면
속죄하는 마음으로
속이 시원할 것 같은데
침묵으로 뻗은 길에
발이 떨어지지 않고

한참을 걷고 걸어서
조용한 찻집에 마주 앉아
힘들게 고백을 한다

사춘기 때 만나서
지금까지 오랫동안 만났고
사랑하는 사람이라고

오랜 세월을 함께한
다정한 생을 죽일 수가 없어
그냥 만났다고
온몸으로
뼛속까지
마음에도 없는 거짓으로
자신을 죽여야 했으니
결정 못 하는 잘못을
인간은 수없이 하고 사는데
시간이 흐른 후에
참 잘했다고
가슴을 다독여 본다

자존심

숨을 쉬며
무덤 속에는 갈 수 없어
냉장고 같은 사무실에 벌렁 누워
소리쳐 본다

이기주의자도 아니다
단지 타협을 하지 않고
참패를 인정하지 않을 뿐이니

꾸역꾸역 삼킨 것을
왈칵 토해내고 싶었는데
올라오는 것을 참아야 하는
자신이 밉다

벌렁 누워 숨을 쉬어도
내가 입은 옷을
벗어버릴 수가 없었으니

잠 못 드는 밤
버리려고 내던져 버리려고 해도
삶의 뒤안길에
후회로 남는다

새들의 천국

앞마당에 감나무는 새들의 천국
감이 주렁주렁 열리면
맛있고 달콤하게 익은 열매를
콕콕 쪼아서 먹고 남은 것은
땅에 떨어트려 바닥을 기어 다니는
친구들에게 나누어 주고
인간들보다 부지런하고 오감이 뛰어나서
감나무 주인은 맛보기가 힘들다

날마다 다양한 새들이 찾아드는
감나무는 몸살을 앓고도
자신의 양분을 주는데 인색하지 않고
온몸으로 그들을 맞이하니
감나무는 새들의 천국

죽어서 감나무 뿌리에 수목장하면
천국으로 갈 수 있을 거라고

행복한 꿈을 꾸며 사는 것도

괜

찮

다

천산 재회

하늘 가까이 있어
천산인가 보다

새하얀 설원에
야생동물 발자국 따라
오르고 오르니
이름 모를 무덤
장승처럼 서 있는 나무들
천국 낙원이다

나 아니면 누구도 사랑할 수 없다던
님을 만나
못 다한 이야기를 나누면 어떨까

부숴도 부서지지 않은 돌덩어리로
아픈 상처를 등짐 지고
약속을 지키려는 따뜻한 사람과

함께 가면 어떨까

손을 뻗으면 하늘이 만져질 것 같아
두 팔을 뻗어보지만
어림없는 일이고
제 잘났다고 살아온 시간이
부끄럽게 다가오니

그리는 님은 그리움으로
옆에 없어도 있는 것처럼
이름 모를 무덤과
천산에서 쉬고 싶다

지미 오름

성산일출봉과 우도 사이에
도도하게 우뚝 서서
양다리 걸쳐 있는
뻔뻔함이 멋스럽고

일출봉을 선택하자니
우도가 아프고
우도를 사랑하자니
일출봉이 서러워
두 여인을 가슴에 품어야 하는
얄궂은 운명이여
여기저기 속삭이는 들꽃과
이름 모를 나무들이
방랑자를 반긴다

정상을 정복하지 못하면 어떠리
침묵의 바다를 바라보며

초연하게 마음을 낚으며
떠날 사람은 떠나고
남을 사람은 남아 있으라

자기 것만 옳고 최고라고
떠들면 슬프고 아프다

해후 1

사랑하는 사람과
커피 한잔 마시고 싶어
어깨 뒤로 넘기는 잔소리
주머니 사정으로
홈런을 치듯 날려 버리고

5분을 기다리지 못하는
자존심으로
달리는 버스에서
기다려 달라고 손짓하는
몸부림과 이겨서
상처를 줘야 하는지

떠난다고 멀어지고
안 본다고 잊히고
섬에서 섬으로 떠나면
완전한 이별이라고

자존심 싸움도 안 하고
스스로 결정하며
그리움만 남은 채로
쏟아지는 햇빛을 받으며
저녁 하늘에 노을이라도
만날 것이라고

비가 쏟아지는 날이면
수건 한 장 들고
실컷 비를 맞으며
당신을 만날 수 있는
용기가 있었다면
지금처럼 비 오는 날을
기다리며

나이를 먹는다는 것은
나쁘지 않고 괜찮아서

수지맞는 일이라고
말을 타고 오는 말굽 소리가
일몰처럼 다가오고
이별 없이는
사랑이 올 수 없어서
어떤 해후를
생각하고 있을지도

해후 2

빙판길도 무섭지 않고
어둠이 빛을 막아도
길을 찾는 바위 같은 심장은
얼음도 녹이면서
한라산 숲길에서
숨을 쉬게 하고
머리를 비우게 해주는
긴 시간의 이별을
정으로 만나서
뱃속에 새 생명이
꿈틀거리며 엄마가
하고 싶은 말을 대신한다
"진심으로 감사합니다"

어르신 식사하셨어요?

의자, 우산, 신발 한 짝 등
만물상을 차린 것 같이
많은 물건이 줄 서 있고
줄은 꽤 길어서
한참을 두리번거리네

의아한 줄서기로
고개를 갸우뚱하며 지나는데
물건들이 줄서기 한 곳이
탑골공원 앞

어르신들이 한 끼 식사를 위해
일찍이 주인 대신 기다리는
대리출석이라는 것을
주인 대신 줄 서는 물건들은
인간들처럼 자리다툼하고
새치기하며 싸움박질하는

치사한 광경도 안보이고
말없이 배고픔을 참고
줄을 서서 인내심을 가지고
차례를 기다리네

탑골공원 앞 대리출석은
위법도 아니고
무료로 즉흥 단막극을 보여주니
지나가는 사람들을 멈추게 하네

카페 드 콜리*

돌계단을
하나둘 올라가면
담벼락을 따라
수많은 생명이
더부살이하는
언덕 위에 하얀 집

마당에는 키가 작은 식물들
들꽃과 어울리는 실내정원
정성으로 채워
몸과 마음이 여유로운
나그네들을 맞이하고
반려견 콜리가 꼬리를 흔든다

주말에 일을 배운다며
그곳을 드나들던 작은딸이
손님을 친절하게 맞이하던 카페

딸의 흔적이 그리울 때
그곳 의자에 몸을 묻고
책을 펼치며
차 한 잔을 마신다

* 제주시 오등동에 있는 카페

빨래를 삶으면서

보글보글 소리가 나더니
이내 큰 거품을 일으키며
화산이 폭발한다

완전범죄를 꿈꾸며
자존심 구긴 자국과
노동의 찌꺼기를 없애려고
마그마 용액과 씨름을 하고

타일 한 장 때문에
영역과 힘 싸움이라니
곰팡이균도 이기지 못하면서
사랑한다고 자폭하면 무엇 하리

내 사랑도 삶아서
거품처럼 살아난다면
묵은지 맛이라고 체념한 껍질을

벗겨낼 수 있다면 좋으련만

갓 태어난 생명이 원죄를 씻어내듯
하얀 목화송이가
하나둘씩 말리면서
향긋한 냄새로 태어난다

수확

햇볕이 뜨겁고
썰물이 되면
돌멩이 씨름으로
작은 구쟁기, 살찐 먹보말로
팬티 고무줄이 늘어난다

배고픈 동생 지키면서
돌멩이 밀치고
깅이, 보말을 찾느라
중천에 뜬 해가
바다에 잠겨도 모르고

고무줄 가랑이 사이로
바닷새들이 도망가면서
"나 잡아 봐라!"
비웃는 것 같다

깨진 항아리

덩치도 크고 멋스럽게 생긴 게
종갓집 큰일에 쓰였을 것 같다
벼락 맞은 상처로
논두렁 풀 속에 묻힌 신세가 되어
존재의 이유를 아는지 모르는지
금이 간 자존심을 지켜주지는 못하고
목욕재계 시켜
눈에 잘 띄는 곳에 시집을 보내고
연지 곤지 찍고 족두리 쓴 모습을
흘금흘금 보는 양이
마음을 숨길 수가 없어
엉덩이를 만져본다
그녀를 사랑하고 싶다

가을비

자를 수도 없고
끊을 수도 없는
쏟아지는 빗줄기는
여인의 희망이었고

아옹다옹
벗어나려 애씀이
영혼을 죽이는 양
빗속을 헤매는 여인을
욕심껏 사랑하다
구름이 되어버린
시인이여

아내라는 넉넉함으로
용서를 받으려고
가을비로
부활하였는지요

억새

가을꽃이 부르는 오름을
오르고 올라서
분화구도 만나고
젊음도 오래가지 않는다는 것을
흰머리로 인사하는
예의 바른 가을 손님

비우고 비워서
가볍게 살고 싶었는데
완전히 비울 수가 없어서
고개 숙이지 못하고
낭떠러지로 곤두박질치는
내 모습을 보는 것 같아
자신을 비우는 연습을
가을 손님한테 배우고
여행을 떠나보면 어떨까

겨울 이야기

한 올 한 올
작은 집에는
손때가 묻어 있고
이야기가 숨어 있어
새록새록 정이 만나
눈먼 사랑이
집을 지키고

그럴싸한 시 한 수 쓸 수 없어
뜨개질을 하고 있으니
한 땀 한 땀 손놀림도
글 쓰는 거랑
별다르지 않다고
자위하면서
얼음으로 절여진
가슴을 위하여
따뜻한 겨울을 초대한다

| 해설 |

정원사를 꿈꾸는 시인

"정원은 우리가 세상과 맺는 관계의 은유다.
돌보는 만큼 피어난다."

- 마거릿 애트우드(Margaret Atwood)

I. 프롤로그

생각은 추억으로부터 분리할 수 없다. 손 시인은 몽상 속에서 추억을 재발견하고 시적 행간을 채우고 있다. 시인의 작은 정원은 충실하게도 행복한 몽상의 추억으로 가득했다.

화가들은 정원을 그릴 때 꽃과 나무보다 빛을 먼저 생각한다고 한다. 손 시인은 잃어버린 추억인 빛의 시간을 먼저 생각하고 있는 것 같다.

손창렬 시인에게 정원은 단순한 공간을 넘어 자연과 시적 감흥이 교감하는 장소이기도 했다. 정원은 손 시인에게 단순한 풍경을 넘어 '영감의 원천', '사유의 캔버스'가 되고 있었다.

'오묘한 색을 가진/ 여인으로 기억하고 싶'은 시인의 정원에는 '아이들 노랫소리가/ 울려'퍼지듯 추억의 꽃들이 피어났다.

II. 작은 정원

꽃과 나무는 추억을 소환하는 리듬이기도 하다. 시인은 꽃에 대한 명상을 통해서 행복을 만들어내고 있었다.

>꿈에서도
>못 만났던
>그리운 님이 찾아오듯
>가파른 언덕배기에
>따스한 햇빛으로
>태어났다
>
>가슴앓이 하던
>동면을 이기고
>기지개를 펴며
>활짝 웃는 얼굴
>황금빛 정원에
>아이들 노랫소리가
>울려퍼진다
>
>- 「개나리」 전문

정원은 시인의 손길이 닿으면 "꿈에서도/ 못 만났던/ 그리운 님"이었다. 힘겨운 여정의 "가파른 언덕빼기에/ 따스한 햇빛"이었다. "가슴앓이 하던/ 동면"이었다.

"오묘한 색을 가진/ 여인으로 기억하고 싶"은 시인이 아침을 열면 "풀대기로 보였던 싹이/ 시간을 먹고/ 물을 먹"고 "보일락 말락/ 봉오리가 맺히더니" "빵빵 하던 봉오리가/ 온 세상이 잠든 시간에" "나팔 주머니에서/ 꽃축제가 열린다고/ 팡파레"(「전원마을의 정원사」)를 울렸다.

  시인의 정원에 "활짝 웃는 얼굴"의 "아이들 노랫소리가/ 울려"퍼졌다. 시인의 정원은 "황금빛 정원"이었다.

    언니,
    바람 불고 출출한데
    해장국이나 먹게요

    언니,
    비도 오고 기분도 그런데
    해장국이나 먹게요

    아 모란이 -
    아 동백이 -
    계절을 바꾸어 다시 피면
    상사화가 핀 정오에는
    돈, 돈, 돈 하며
    빨간 선지도
    노란 계란도
    초록 부추도
    반기지 못하고 사는데

    봄이 오면 붉은 동백이 떨어져
    내 마음도 붉어지는데
    예래 마을 귤을 따는

>   정 많은 사람이
>   빨강, 노랑, 초록으로
>   따뜻하게 마주 앉아
>   마음속을
>   환하게 보여줍니다
>
>   -「해장국」전문

    시인은 "바람 불고 출출"하거나 "비도 오고 기분도" 그렇고 그러면 '해장국'을 먹고 싶었다. 봄이 오고 "붉은 동백이 떨어"지면 시인의 "마음도 붉어지는데" 모란과 동백이 "계절을 바꾸어 다시 피면/ 상사화가 핀 정오"(해장국)에는 "정 많은 사람"과 해장국 한 그릇으로 세월의 정원을 이야기하고 싶어졌다.

    "언제나/ 아픈 곳을 어루만져/ 한 올 한 올 뜨개질한 모자로/ 월계관을 씌워주던"(「영심 언니」) 언니와 "삶의 모서리에서/ 뒷모습이 허전한 사람들과/ 호탕하게 웃으면서/ 막걸리가 먹고 싶"었다. "건아한 취기에/ 속이 훤히 들여다보이는 부부와/ 컬컬한 막걸리가 먹고 싶"(「막걸리가 먹고 싶다」)었다.

>   동화 속 아이들의 놀이터
>   파란 물감을 풀어 놓은 수채화
>   오색 무지개가 춤을 추는 바다
>   하루를 열어주는 창문 이야기
>
>   솔릭 태풍으로 변해버린

회색빛 도시
회색빛 하늘이
좋아 보이는 날
오늘 퇴원한다

회색빛 창문이 보이는 곳에
병상이 있다는 것에 감사하고
멜랑꼴리한 회색 도시
이스탄불이 그리운 날
친구들이 보고 싶다

퇴원이 취소되었다

- 「병상일기」 전문

 "가을 하늘 만나러 가는 길목" 어디쯤 "빨간 단풍 옷 입고 올레길 걸"으면 "시간은 번개처럼 지나가고/ 기억의 쇠사슬"(「작은 정원 이야기」)에 묶여 있을 때 "동화 속 아이들의 놀이터"에 "파란 물감을 풀어 놓"으면 "오색 무지개가 춤을 추"었다. "바다 속 깊이 빠진 잠도/ 섬으로 태어"(김치볶음밥의 사랑)날 때였다.
 "하루를 열어주는 창문" 너머 "회색빛 하늘이/ 좋아 보이는 날/ 오늘 퇴원"한다. "친구들이 보고 싶다// 퇴원이 취소"되었다.
 '퇴원한다'와 '퇴원이 취소되었다' 행간의 여백에는 시인의 삶의 여정이 큰 강물 되어 흘렀다. "마음을 빼앗은/ 죄"로, "하늘을 우러러/ 부끄러움이 들켜버린" 죄로 "밤잠을 설치는 일이 수없이 쌓여"(「암이라는 사형선고」)갈 때였다.

III. 고해성사

시인은 작은 정원을 꿈꿨다. 시인의 정원에는 "감사의 눈물"이 "비가 되어 쏟아져 내"(「칠순까지도 감사합니다」)리기도 했다.

> 이 핑계 저 핑계로
> 미루고 미루었던 일을
> 마음 단단히 먹고
> 고해실에 들어선다
>
> 복수와 분노를
> 회개와 용서로
> 죄를 고백하는 것을
> 깨닫게 되면서
> 얼굴을 마주하고
> 고해성사를 본다
>
> 곶감 빼 먹듯이
> 빼 먹지 않아도 되는
> 엄청난 죄를
> 고백하고 나니
> 마음이 후련하고
> 날아갈 것 같다
>
> -「고해성사」 전문

고해성사하듯 한 줄의 시로 써놓으면 "복수와 분노를/ 회개와 용서로/ 죄를 고백하는 것"처럼 막혔던 감정선이 뚫여 "마음이 후련하고/ 날아갈 것 같"았다.

　"고해 방에서/ 이제는/ 내려놓겠다고/ 십자가는/ 아무나 지는 게 아니었다고/ 가시에 찔린 곪은 상처를/ 시원하게"(「고백」) 내보이고 나면 "시간은 번개처럼 지나가고/ 기억의 쇠사슬로 웃고 있"(「작은 정원 이야기」)었다.

　이럴 때는 "양파껍질을 벗기면서/ 눈물을 흘"렸다. "가난했던 시절"(「양파껍질을 벗기면서」)을 벗겨내고 "가위 무게로 산산조각"을 내고나면 "볶아지는 김치 냄새"(「김치볶음밥의 사랑」)가 영심 언니를 소환했다.

　　한 올 한 올
　　작은 집에는
　　손때가 묻어 있고
　　이야기가 숨어 있어
　　새록새록 정이 만나
　　눈먼 사랑이
　　집을 지키고

　　그럴싸한 시 한 수 쓸 수 없어
　　뜨개질을 하고 있으니
　　한 땀 한 땀 손놀림도
　　글 쓰는 거랑
　　별다르지 않다고
　　자위하면서

얼음으로 절여진
가슴을 위하여
따뜻한 겨울을 초대한다

- 「겨울 이야기」 전문

시인은 "뜨개질"하듯 "그럴싸한 시 한 수"를 찾아 "한 땀 한 땀 손놀림"으로 "따뜻한 겨울을 초대"했다. "한 올 한 올/ 작은 집에는/ 손때가 묻어 있고/ 이야기가 숨어 있어/ 새록새록 정이 만나/ 눈먼 사랑"의 꽃을 피우기도 했다.

'암이라는 사형선고'를 받고 "뜬눈으로 위로하면서/ 밤잠을 설치는 일이 수없이 쌓여"(「암이라는 사형선고」)갈 때 한 줄의 시를 쓸 수 있는 마음의 여유. 어쩌면 손창렬 시인만이 누리는 행복이기도 했다. 한 줄의 시를 쓰면서 외롭고 힘든 일을 이겨내는 '위안'은 누구나 누릴 수 있는 행복이 아니었다.

시인은 한 줄의 시를 써 놓고 "양파꽃이 하얗게 피어있는/ 밭길"(「양파껍질을 벗기면서」)을 추억의 시간과 함께 걷기도 했다.

봄이 왔다고
죽지 않고 살았다고
얼굴을 내미는가

쌉싸래한 맛으로
유혹하여 깊이
빠져들게 하는지

한잎 두잎 몸을 던져
뜨거운 물에 버틴 것을
한참을 담그고 우려내서
인생의 쓴맛을 없애고
기름에 달달 볶아
머위나물을
맛나게 드시던 어머니

둥글넓적한 얼굴로
하얀 머리를 풀어헤치고
앞마당 모퉁이에서
건강하고 행복하게 키운
하나뿐인 딸과 손녀들을
지켜보시던
그리운 어머니

- 「머위나물」 전문

 "봄이 왔다고/ 죽지 않고 살았다고/ 얼굴을 내미는" 머위나물을 보면 어머니가 생각났다. 어머니가 맛있게 드시던 머위나물을 보면 아이들을 보살펴주던 어머니의 얼굴이 어른거렸다. 어머니는 "인생의 쓴맛을 없애고/ 기름에 달달 볶"으면서 작은 정원 삶의 모퉁이에서 묵묵히 지켜보고 있었다.
 "구석구석 잡초를 메고/ 쓰러진 돌덩이를 일으켜 세우고/ 목마른 나무에 물을 주면서/ 시간을 죽이는 일"(「당신이 여기 있소」)이 시인의 하루일 때 어머니는 '세월의 나이테'처럼 늘 곁에 있었다.

"저녁 안개가 걷"(「노을」)힐 무렵 "말을 타고 오는 말굽 소리가/ 일몰처럼"(「해후 1」) 스며들고 있었다.

IV. 에필로그

시인의 어린 시절은 가장 아름다운 풍경의 근원이었다. 어린 시절에 대한 몽상은 시인으로 하여금 이미지의 아름다움에 도달케 하였으며 작은 정원을 만들었다.

"죽어서 감나무 뿌리에 수목장하면/ 천국으로 갈 수 있을 거라고/ 행복한 꿈"(「새들의 천국」)을 꾸는 그런 정원이었다.

"울긋불긋 단풍도/ 언제 왔다가 갔는지/ 사각사각 눈을 밟으며/ 하얗고 두툼하게 털옷을 입은/ 천왕사 가는 길"(「가는 길」)에서 "마음에도 없는 거짓으로/ 자신을 죽여야 했"던 시간을 "백팔 배라도 하면/ 속죄하는 마음으로/ 속이 시원할 것 같"(「가는 길」)다고 자신을 다독여 보는 시인.

손창렬 시인은 정원이라는 중심 이미지가 정서적 상징적 중심축을 만들었다. 시인은 꽃과 나무와 새들과 삶의 여정을 불러들여 추억, 가족, 이웃, 친구 같은 이미지로 시적 정원을 가꾸고 있었다.

이러한 정원 이미지는 손창렬 시인의 정서 흐름이 핵심적인 단서가 되어 살아 움직이고 있었다. '어머니의 웃음소리'와 '아이들 노랫소리'로 가득한 정원이었다.

양영길 문학박사